त(लाश)

कविता-संग्रह

त(लाश)

पीयूष दईया

रेखांकन

अखिलेश

राजकमल प्रकाशन

ISBN : 978-93-89577-14-3

मूल्य : ₹295

पहला संस्करण : 2019

प्रकाशक : राजकमल प्रकाशन प्रा. लि.
1-बी, नेताजी सुभाष मार्ग, दरियागंज
नई दिल्ली-110 002
द्वारा प्रकाशित

शाखाएँ : अशोक राजपथ, साइंस कॉलेज के सामने, पटना-800 006
पहली मंजिल, दरबारी बिल्डिंग, महात्मा गांधी मार्ग, इलाहाबाद-211 001
36 ए, शेक्सपियर सरणी, कोलकाता-700 017

वेबसाइट : www.rajkamalprakashan.com
ई-मेल : info@rajkamalprakashan.com

मुद्रक : यश प्रिंटोग्राफिक्स
नोएडा-201 301 (उ.प्र.)

TA(LASH)
Poems by Piyush Daiya

वत्सल संतोष, संदीप, राहुल
के लिए

आमुख

प्रिय पीयूष,

यह तुम्हारी कविता-पुस्तक, 'त(लाश)' का आमुख है जो मैं तुम्हारे नाम एक पत्र के बहाने या भेस में तुम्हारे पाठकों को भेज रहा हूँ क्योंकि उनका अता-पता मुझे मालूम नहीं और वैसे भी मैंने हमेशा बतौर लेखक अपने या किसी और के 'प्रिय पाठक' या पाठक-वर्ग को सीधे सम्बोधित करने की दीदा-दिलेरी या भूल अभी तक कम ही की है। इस आमुख में मैं तुम्हें सम्बोधित तो कर रहा हूँ लेकिन मेरी ख़्वाहिश यही है कि मैं तुम्हें भी शीघ्र ही भूल जाऊँ और ऐसे बोलने या लिखने लगूँ जैसे कोई सयाना पागल एक-आलाप बोल या लिख रहा हो।

इस कविता पुस्तक की जान, हर उत्कृष्ट कविता-पुस्तक की तरह, इसकी भाषा और भाषा-संयोजन में है। यूँ तो भाषा सारे साहित्य का एक ऐसा अंग होती है जिसकी कलात्मक शक्ति और विशिष्टता के बग़ैर वह साहित्य कहला ही नहीं सकता, लेकिन कविता उसकी सब विधाओं में से सब से अधिक भाषा और भाषा-संयोजन पर निर्धारित है। यह संकेत हमें इसके शीर्षक का श्लेष भी देता है और इसकी कविताओं का भाषा-खेल भी। इस पुस्तक की सारी कविताओं पर तलाश और लाश हावी हैं—जीव अजीव की तलाश में है, अजीव जीव की; और किसी-किसी कविता में इन दोनों का आपसी भेदभाव मिट जाता महसूस होता है।

यूँ तो इस पुस्तक की सब कविताएँ पाठक से यह माँग करती हैं कि उन्हें आराम और ध्यान से कई बार पढ़ा जाय तभी उनका पूरा आनन्द लिया जा सकता है लेकिन कुछ कविताओं में क्योंकि तुम ने प्रयोग सब से अधिक किये हैं इसलिए इनका काठिन्य इनकी सादगी के बावजूद बढ़ गया है; और इनकी यह माँग भी अगर ज़्यादा ज़िद्दी हो गयी हो तो मुझे हैरानी नहीं होगी। मैं ने संग्रह की कविताओं को ख़ुद कई बार पढ़ा है और हर पढ़त में पिछली बार की पढ़त से अधिक आनन्द आया है। इस पत्रामुख में यही कि तुम्हारी कविताएँ नवाचारी हैं, मौलिक और आला दर्जे की हैं, उनकी संश्लिष्ट संवेदना और संक्षिप्त संरचना मुझे बेहद पसन्द आयी हैं।

—कृष्ण बलदेव वैद

क्रम

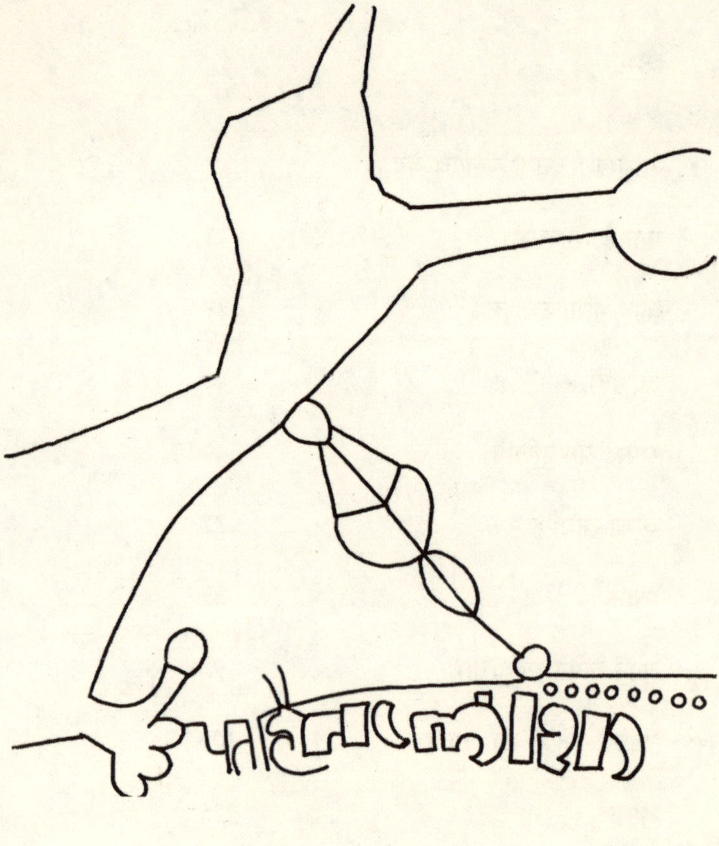

पता है, त(लाश)

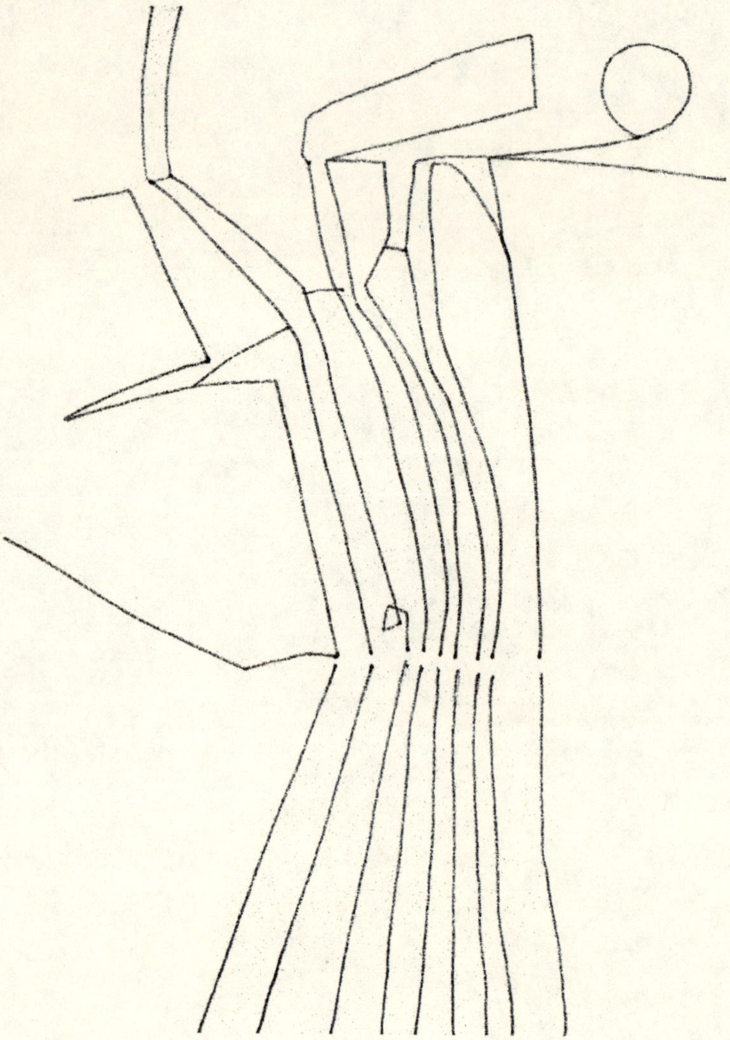

1

लिखत
आँख पढ़त

हर लेती होनी
देखती

पिंजर में अक्षरी
दर्ददर्शी है

खुला ज़ख़्म, शब्द में श्मशान

काता जीव का
उलटी जीभ

न(ा)र
सीख मिली

पढ़त
आँख लिखत

2

पौ फ टे क क्ष में
सा रा बो ल
अ बो ल

लो क अ प ना अ के ला
छो ड़ ग या

सु न ना
ख़ा ली लि खा

दि वं ग त भी त र मौ न रो श नी

3

कक्ष में कोख
बेजान कोई

बूझ सका न बुझ ने में पा सका
बुझे बिना

लगता है, नाल वही
लगता है, शरीर वही
लगता है, जान वही

अभी, अब नहीं

सफ़ेदा
दूसरी ओर से

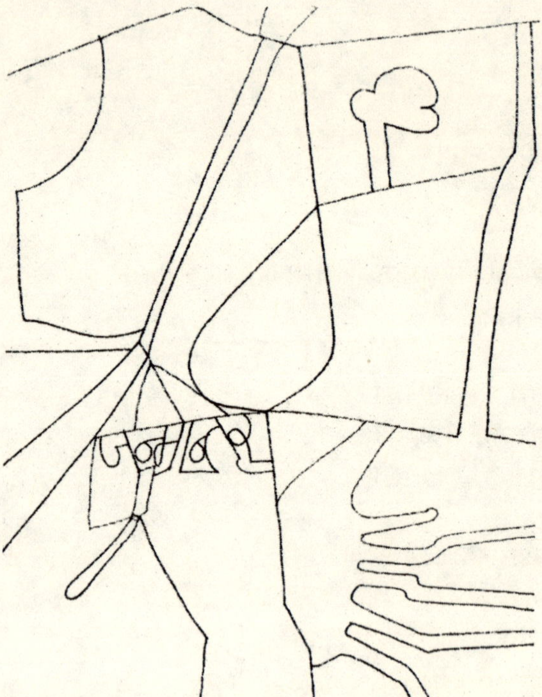

4

एकदम चुप
खुला एक—

—एक पल
पलकों में
पथ

लौ
सभी

जल गये
जन्मान्तर

जुड़े हुए हाथों में
अपलक

5

जग जाने सो
अभंग एक

निरन्तर
सच का शब्द

—पुतलियों में—

सहिदानी सौंप सब
करनी

हर ओर
अनाम

चुप
च(ा)ल

6

छल सब आस
एक बात

दो बार
कभी देखा नहीं

निश्चिह्न

सब में
पलता

पात-पात, फाहा-फाहा
साथ सब, साथी नहीं

या घट मर
उजला

प(ा)र

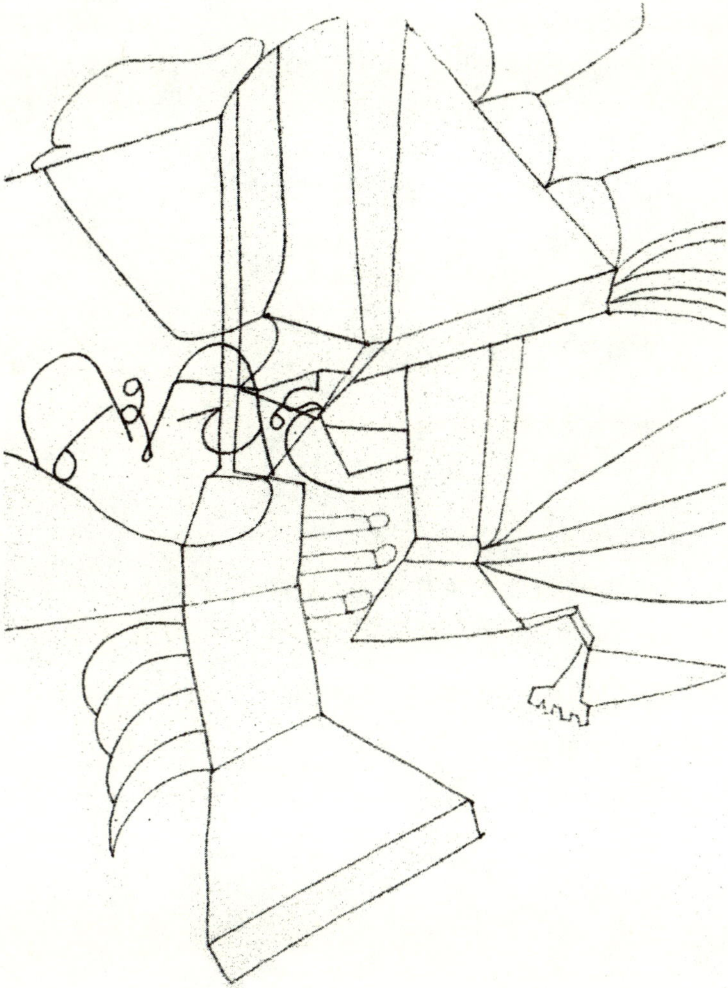

7

प् या स
पं चा व का श में

प्रा प् त र व नि ष् क म् प
र स व र

सु न ने में स ब से
सा फ़ का न अ ल ग मु ख पू रा श री र
(र ख) छो ड़ उ ठ र हा सा रा सा र स क ल

प ल है प र
प रे पा स पू रा

अ धू रा
जा न स का न पा स का

8

शान्त होती चिता की लपटें
एक छोटी-सी लौ में बदल
रही थीं

श्लोक रचते हुए
चिता के आलोक में

शोक की जगह
आश्चर्य
—महान् आश्चर्य

अब कहाँ चिता
राख है मात्र

जातस्य हि ध्रुवो मृत्यु

9

जनम झीना
उचार

अदृश्य
देख लेती
आँख

—ख़ाली खोंता
   अन्दर
   से

10

छुआ जन्म
फल :

—पा रहा
पकड़े हाथ—

शान्त
सब वास(ना)

चलती साँस रचती
मरने की रोशनी

जन्म अकेला
फल

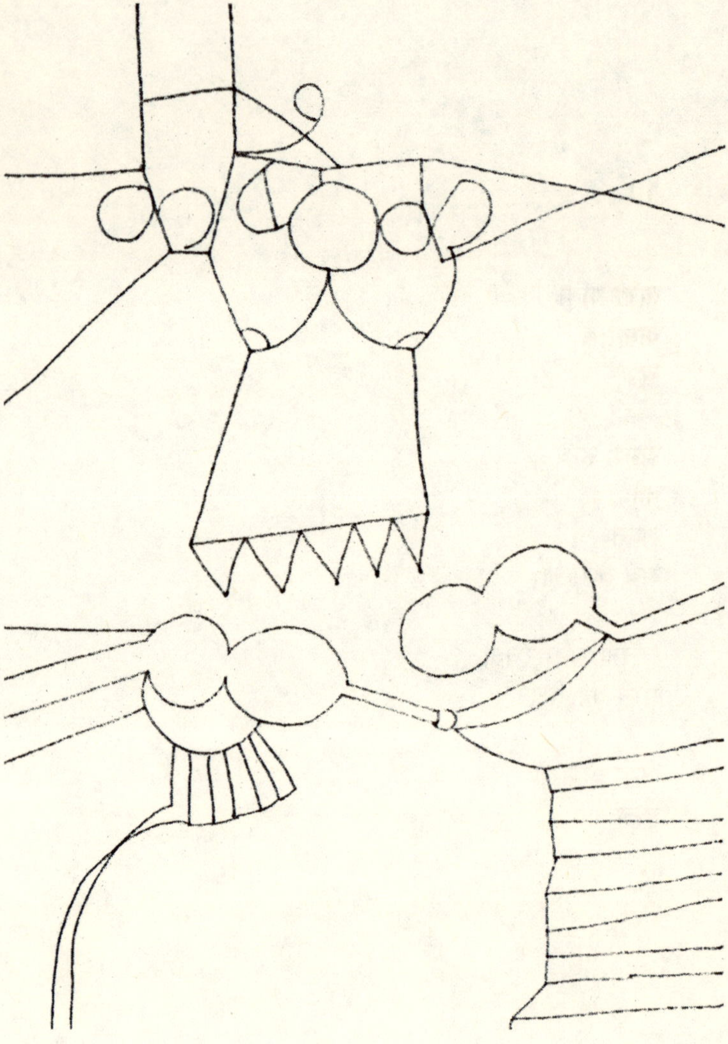

11

त(लाश) में लिखा पता
अपने में
चुप

शब्द
कोष्ठक में

12

एक जनजातीय कविता से प्रेरित

मिट्टी का घड़ा फूट जाता है और कुम्हार के पास
फिर लौट कर नहीं आता। सूत में जो फूल गुँथ गये हैं
(वे) सूत में ही सूख जाते हैं। ईश्वर ने
(ऐसा ही) लिख दिया है
                    यह जीवन
लौट नहीं सकता।

कोई अपना नहीं होगा जब मृत्यु आयेगी
लोग इस मुँह में आग देंगे जब समय पूरा हो जायेगा

जले हुए धागों से कोई वस्त्र बुनता नहीं
सुबह खिला फूल, शाम मुरझा गया

दीये की लौ भी, अभी के लिए
                    केवल

इस देस
अकेले आये हैं, अकेले जाना है

कोई भूमि(का) नहीं

न कल्लोऽयंप्होञ्—बुद्ध

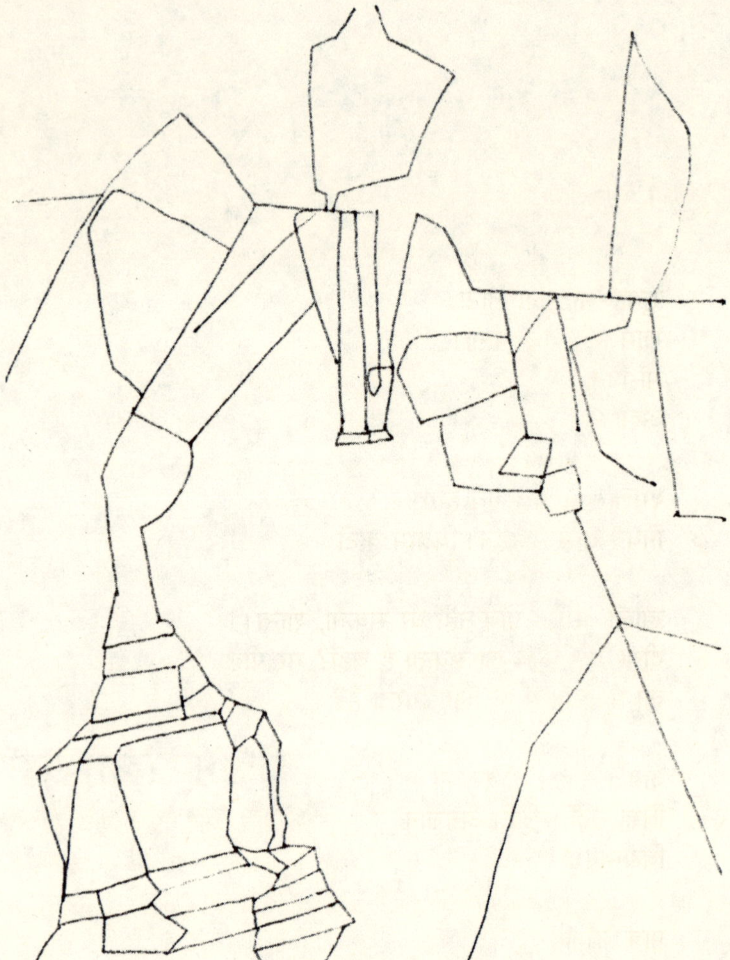

3

गोचर से छिपा
गिर न जाय
कहीं

पंखुरियाँ जिसकी
फूल वह

हिलगा पर
खो बैठा

सारा
फूल भी

बचाने की कोशिश में
गोचर (न) रहा

4

कोई दिल में ज्यों
धड़क रहा

कम होते गये
क्यारी में फूल

और सुवास भी
बहती हुई

फूल में
रही

5

...और फूलों का कल नहीं होता।
—अन्तोनियो पोर्किया॥ हिन्दी अनुवाद : अशोक वाजपेयी

अपनी तरह जीना
क्या फूल की तरह है?

फूल का घर नहीं होता
धड़कता हुआ

दिल है वह

अकेला और सुन्दर
स्वच्छन्द और निरपेक्ष

फूल की सुवास
भला किस मसरफ़ की होगी?

फूल को छोड़ सकता है कोई
कभी भी, अभी

(सं)सार में

एक सम्बन्ध से ख़ाली होना
खिलना और बुझना

6

दिल से चला गया जो
लौटा न फिर

अपने घर
रीते माथ, बेहाथ

खप्पर लिए
कोई

घर है जहाँ
भिक्षु नहीं

7

वही है

कगार पर शायद
(अ)स्थिर

दीवानी के ख़्वाब में दीवाना

8

मैंने तोड़ा नहीं आईना

हज़ार टुकड़ों में वरना
अपने देख न पाता

मुझे आईना

9

क्षमा व्योम की दिवंगत लौ है।

10

कोई भूमि(का) नहीं
मरमर सिर्फ़

भिन्न लगे अभिन्न
भिनसारे तक

पदचाप में
अगेह

—जो मेरा प्राप्य है
चुन लूँगा—

देवनागरी को
पालागन

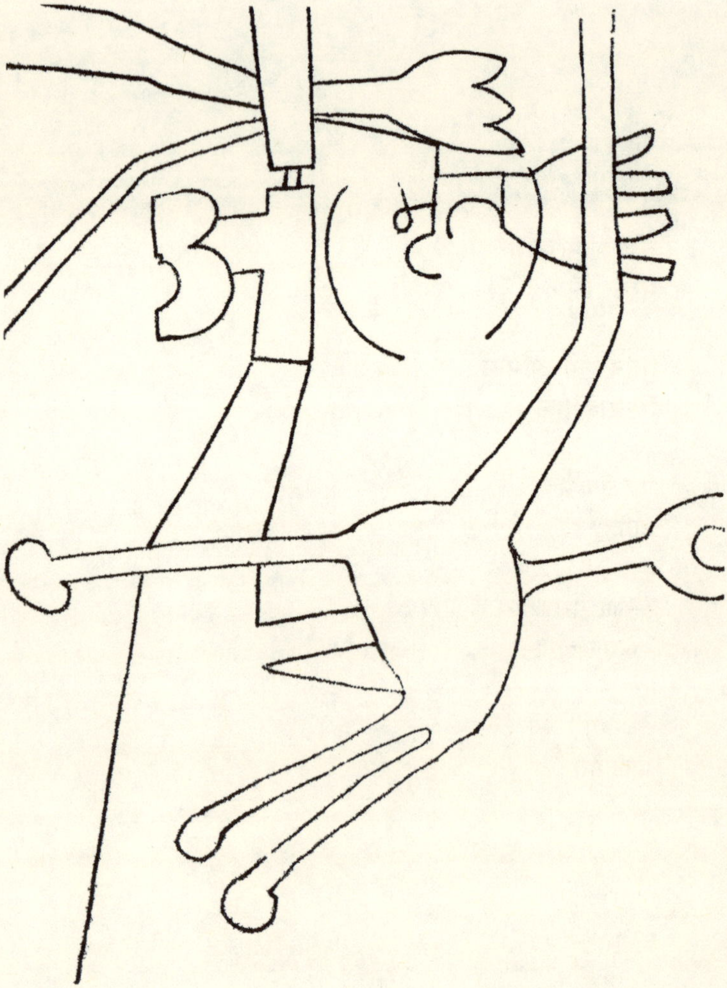

अ(मृत)

ज्योत्स्ना मिलन के लिए

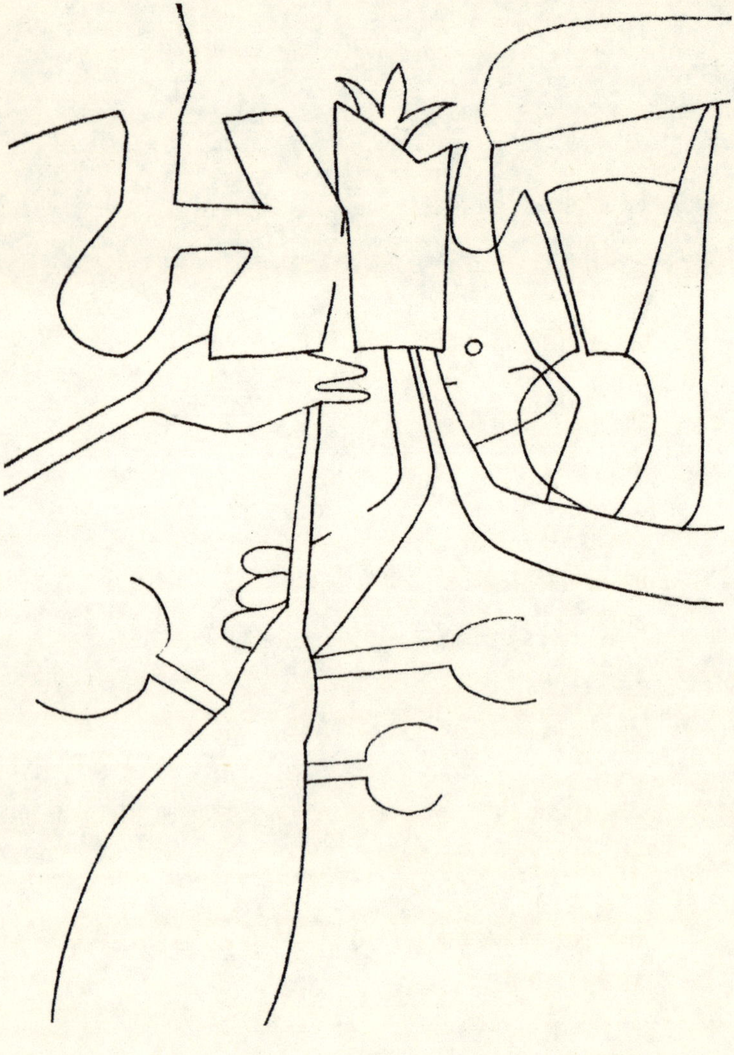

1

पृथ्वी पर वह
पार्थिव शरीर की आख़िरी शाम थी।

जीव कहाँ चला गया
मालूम नहीं। वह मर गया है।

मृत्यु की किताब बाँच लेने के
ऐन क्षण से मरघट है
अपना ही

जीव छोड़ देता है अजीव
पार पहुँचते ही नाव
तज देता है

दूध का दूध पानी का पानी

ऐसे जीव-अजीव का
सम्बन्ध पूरा है

मरघट में
जवाब एक

(अ)मृत है हमेशा
जलता आग में

कोई नहीं

2

पहली मुलाक़ात, मार्फ़त् ख़त के
अन्तिम मुलाक़ात, मार्फ़त् फ़ोन के

पहली, लिखावट के भीतर से
अन्तिम, आवाज़ के भीतर से

मौन आवाज़
ख़त ख़ामोश

मौन की आवाज़, ख़ामोशी का ख़त
आवाज़ का मौन, ख़त की ख़ामोशी

है
असमाप्त

पूर्णिमा से अमावस्या
अमावस्या से पूर्णिमा

(वि)सर्जन में
वे : व्याप्त

आकाश में, शरणस्थ
पोर-पोर, रेशा-रेशा

मार्फ़त् शरीर के, पहली मुलाक़ात
मार्फ़त् चिता के, अन्तिम मुलाक़ात

पहली, नाम के भीतर से
अन्तिम, रूप के भीतर से

ख़ामोश शरीर
नाम मौन

है
मृत्यु

मौन का नाम, नाम का मौन
ख़ामोशी का शरीर, शरीर की ख़ामोशी

और(त) ति रो हि त
ले खि का

सफ़ेद पाण्डुलिपि

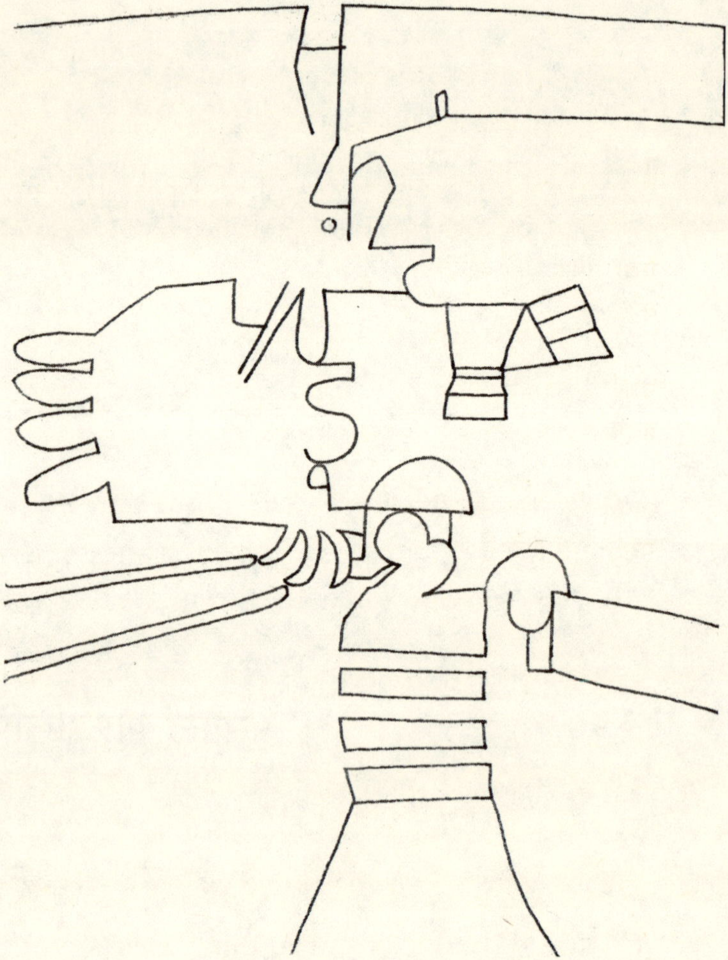

1

ऐसा सफ़ेद नहीं जानता
कोई भी

प्रश्न केवल
हृदय से

अपने लिए एक बार फिर
परदा गिरा लेता हूँ

2

किस मुँह से कहता कि जो मेरी कोठरी में
कानोंकान भावित है
उस सब का लेखा देना है—

आजीवन आशीर्वाद का
प्रकाश ओर ले जाते शब्द का
सदा जागते रहने की निर्ग्रन्थ देशना का
बीत रहे अनित्य के एकबार होने का
नीली आँखें लिये लौटते नेवले का

यहाँ और अभी
अन्तर्धान हो रहा जो

आँख रहते देख न सका
कान रहते सुन न सका
पैर रहते चल न सका

इस बार
दो फूल साथ फूले

3

सुबह उतरी पर जगा नहीं

मानो आँख खुल जाना क्षति होती
सो सारी आपबीती अपने में सोखे लाश
समान पड़ा रहा पूरी तरह अपने कीचड़ में डूबे
जहाँ कमल खिलना नहीं वहीं लंगर गिराये
इस ऋतु में
सूत काते बग़ैर

जब कोई सुने ही न बात कही हुई
निकल(ना) ही होगा अपने लिए

पहले पानी देना फिर फूल चुनना

4

मेरी जेब में अब कोई जवाब नहीं बचे
अपने फूलों से प्यार करते हुए
शान्ति से

जो हँसने के दिन होगा वह
अभी और यहीं है
यह देख रहा हूँ

फूल यूँ खिल रहे हैं मानो
मेरे शव पर चढ़ाने हों

5

सब चले जाते हैं न चाहते हुए भी छूट
जाती दुनिया सब के लिए
खिल
रही

खिलखिलाती

6

मुँह में राख पड़े मेरे मरे से साँस जाने
कि ज़बान काली है   क्या
कि बूँद गिरे न
तो सागर नहीं
खारा

7

जहाँ घर था कभी आज श्मशान है
—मुझ में ही कहते हुए कोई
 वह ख़ामोश है

सब के बीच
एक कवि, एक मनुष्य
लेकिन

खो गया है मार्ग
कहाँ जाऊँ

माँ की कोख से
निर्वासित

अरण्य-चिह्नों पर चलते हुए

8

मेरे पिता अच्छाई से भरे थे इतने
कमज़ोर कि सिवाय अपने

धोखा न दे सके किसी को
लिखते हुए बेटा जानता है

वल्मीक पर चढ़ते जैसे किसी भूली हुई
भाषा में
मंज़ूर
—उन्हीं के लिए यहीं
  गलते
  ऊँचाई बने आँसू
और पत्थर

फिका जाने के लिए

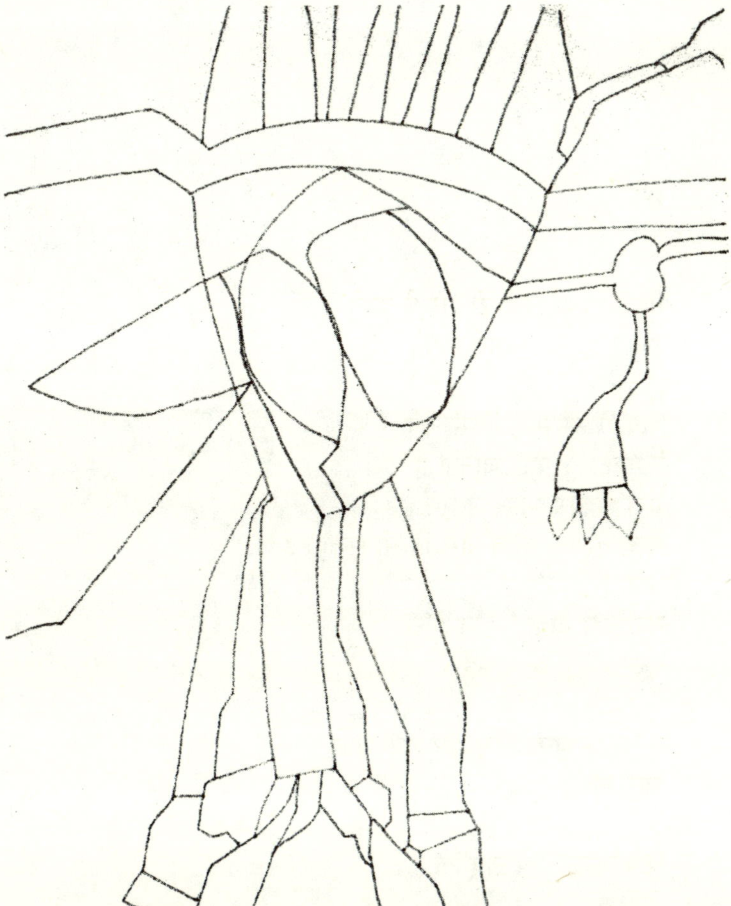

9

किसी दूसरे देश में   ज्यूँ
ग़ाइब

याद में हमेशा
लामकां   सीढ़ियाँ
एक मकान बाहर उतरते हुए
पलट

कर नहीं देखा   रैन मसि
छूटी

ऐनक आबनूसी   और एक नाम
जान लो

बेआवाज़   कोई बोलेगा :
ख़ारिज
और ख़ला में

10

आवाज़ की जगह पर वह भी था वहाँ—
वैसे ही जैसे समुद्र में बूँद। ऐसे ही वह एक बार और
मिल रहा था—जैसे सहसा एक बार निकल पड़ा
वीणा का स्वर फिर उसमें छिप जाता है : क्या
दृश्य को छोड़ दिया गया है? कौन है जो
इस तरह तिरोहन में है
जैसे गरमी में बरफ़ का ढेला

आँख की आग से
धनुष से निकले तीर से

अब अतीत है जवाब : वह चला गया है
एक अच्छे अतिथि की तरह

11

‘अचानक से एक बच्चा
रखता है तीन पत्थर
और कहता है
—यह मेरा घर है’

मैं नहीं चाहता
मेरे बच्चे भी कभी रखें
तीन पत्थर

12

अपने पदचिह्न पर नाम लिख रहा हूँ

जब पदचिह्न पर चलेगा कोई
मिट जायेगा नाम

13

कभी-कभार शब्दों को वह काम कर सकना चाहिये
जो रंगबिरंगे फूल करते हैं, लेकिन याद रहे :
फूल अप्राप्य हो और शब्द ऐसा हो जो सब उचार सकें।

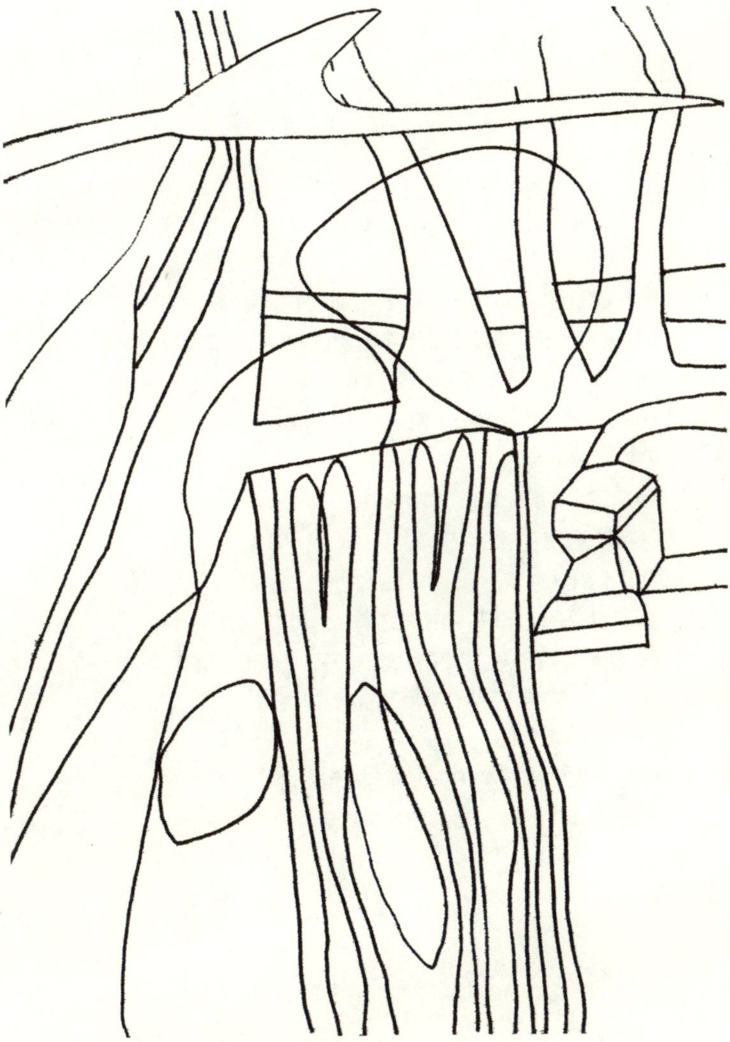

14

मैं श्रद्धालु हूँ : मेरी आँख में पृथ्वी घूम रही है।
मेरा मुख आईने में सच देखता है : अपने अँधेरों में
खोये शब्द उचरने लगते हैं लिखने से
अक्षरों को हृदय सींच रहा है : पौ फटते रात
पूर्ण है और चाँद
तिरोहित : छिपा हुआ प्राचीन से
विस्तार लेता है : भीतर
बारिश हो रही है
हर स्वर समुद्र ओर भाग रहा है
हर साँस अपने में स्थापत्य रचते मुझे सोख गयी है
और मेरा माथा टकराया है पोढ़ी भीत से

कौन है वह पार्थिव साधु जो छत पर खड़े
अन्न-से शब्द हवा में छितरा रहा है?

15

आँख में मन्दिर की शान्ति
अभी उतरी नहीं

गो शब्द न जाने कब
चले गये
—दाग़दार है पर
    मौन

रचाव के रंगों से
घुलता हुआ

मिट गया

16

तुम्हें अलग होना हो तो उस तरह अलग होना
जैसे पका फल पेड़ से अलग होता है

—अनायास—
हर साँस में सवेरा उतर सके
हर गिरता हाथ सँभल सके

खिलना ऐसे
लिखना ऐसे

शब्द और शून्य में
भाषा और जीवन में

आकृति की कृति में
स्वयं निराकार होते हुए

17

अचानक किसी क्षण में
मेरा सारा समय ख़त्म हो जायेगा
मैं शब्दों में मर जाऊँगा या खिल आऊँगा?

हो सकता है
इस जीवन को जीने के लिए
एक और दिन मिल जाय
या उत्तर कविताओं में नये नाम मिलें
दो अँधेरे

जब रात में अकेले जगता रहता हूँ
सफ़ेद पाण्डुलिपि पढ़ते हुए

18

पाटी की खड़िया बन शून्य को लिखना है
अपना ही (अ)नाम
निर्बन्ध

कातते हुए अन्तिमाक्षर
तक

जब सारा पूर्वाश्रम गल-सा जाय

भाप समान
वर्णन
में

भासता
अलख आँक से

वही जो गेरुआ है डूबे सूरज का : बैरागी-सा

अपना
अपने से बाहर

लिखते हुए
अपनी पारी में

लिख गया जो पाटी पर अब पोंछा नहीं जा सकता

19

छान मारा पर सुराग़ नहीं मिला
जिस आँख से देखा उसे फिर एक बार देख लेना चाहिये
जब तक सूझता नहीं तब तक बत्ती जलाये रखना चाहिये
या सब ऊपर छत तक धो डालना चाहिये
या सब सूँघते-साँघते टटोलता ही चलूँ

वहाँ जहाँ से
हर शै गोल है

जो बदल जाय एक ताले में जिस में चाबी घुमा
खोल दे कोई और देख-पा लूँ वही
जो कुछ न हो

मुझ में

20

लिखने में सारी स्याही मेरी कालिख में बदल गयी

ऐसे अछूत हो गया है
प(ा)त्र यह

मुझ
से

21

द्वार के पाखे पर झुका हुआ सरल सिर सलोना
लहलहाता जैसे पूरा खेत पक जाने पर हवा में

दीख जायेगा पाही से

22

आज कविताएँ संग्रह से अलग हो गयी हैं
जैसे अपना छत्ता छोड़ मधुमक्खियाँ उड़ गयी हों

वे कहाँ गयीं किसी को कुछ नहीं कहा

अब काव्य-पोथी ख़ाली है
अकेले खेलती

अपने नाम से

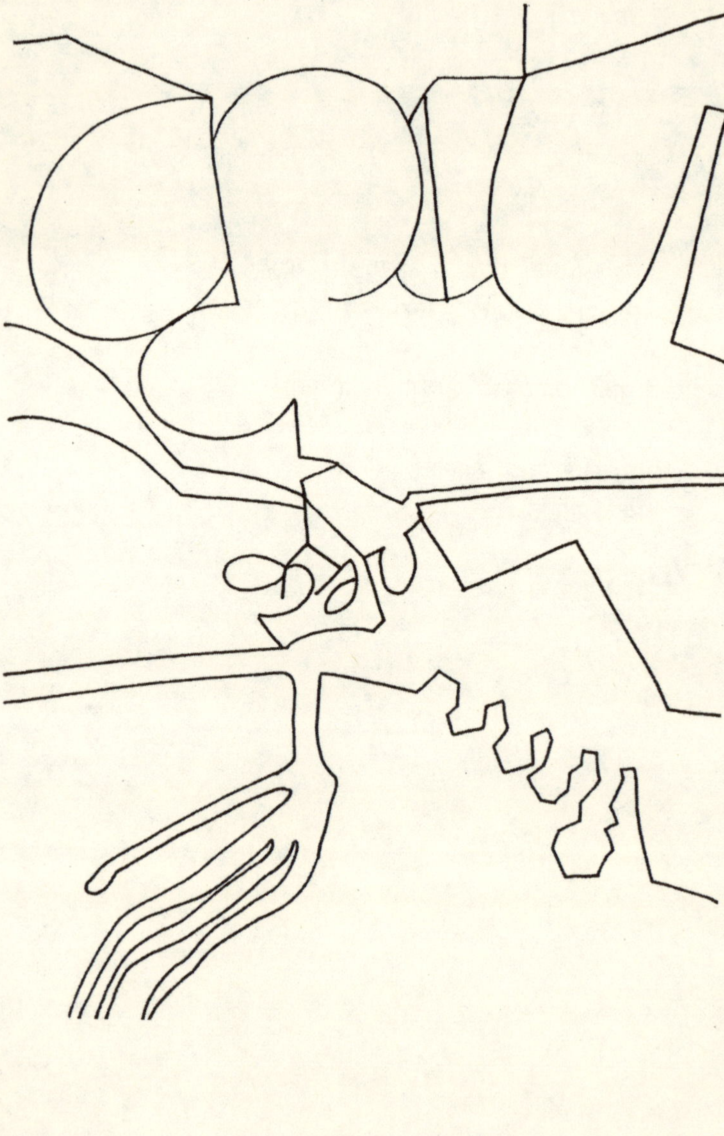

कृष्ण-काग़ज़

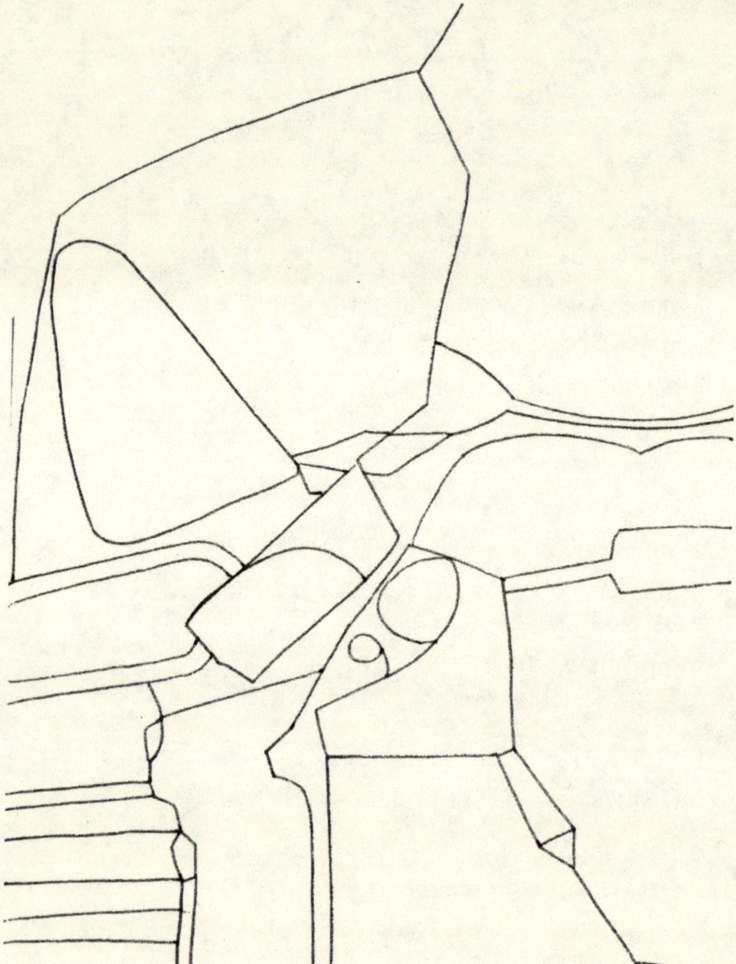

1

कृष्ण-छाया की अदृश्य ऊँगलियों ने थामा है मुझे
एक शब्द भी कभी कहे बिना
वह साथ है
हमेशा
—रात में खो जाते हुए
सपना भेजती है—
अपनी लेखनी से
उपहार

गोया रोशनी के घोंसले में
बसी हो

2

कृष्ण-काग़ज़ अन्तर्यामी है
संजीवनी सोखे। यहाँ
उपसंहार नहीं
वरेण्य है
गंगा-जल से गंगा-पूजन के नाईं

नेत्र के लिए
सभी ओर

3

पानी की गहराई को
हाथ से छूने के लिए

प्रश्न से बाहर
प्रार्थना में हूँ

सफ़ेद खड़िया से
कृष्णपट पर
लिखते
हुए

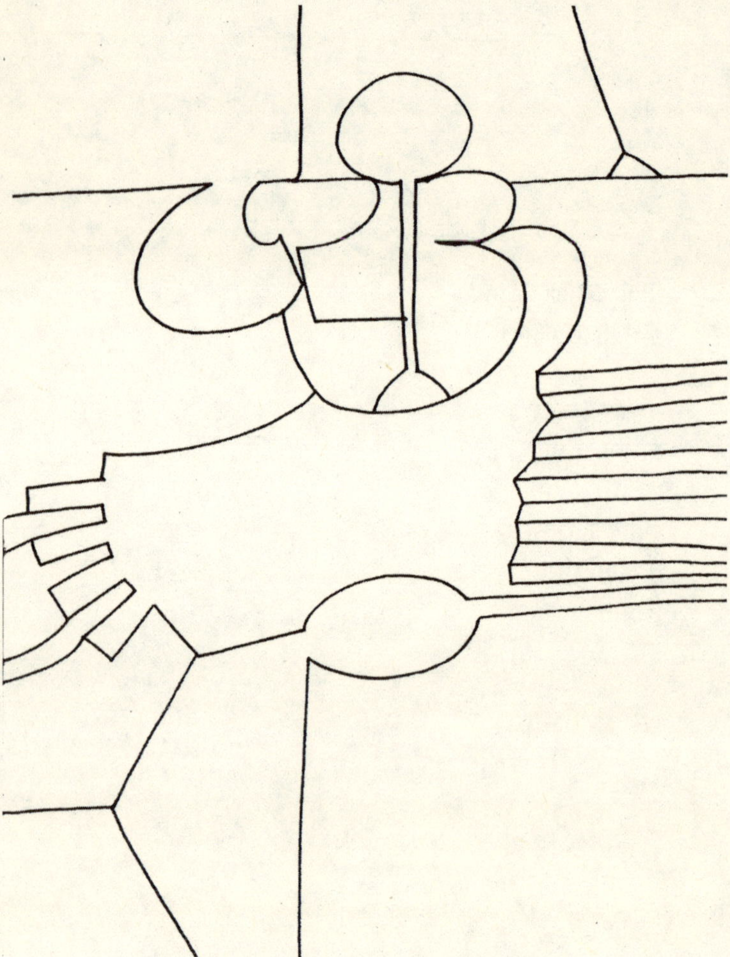

प्याऊ

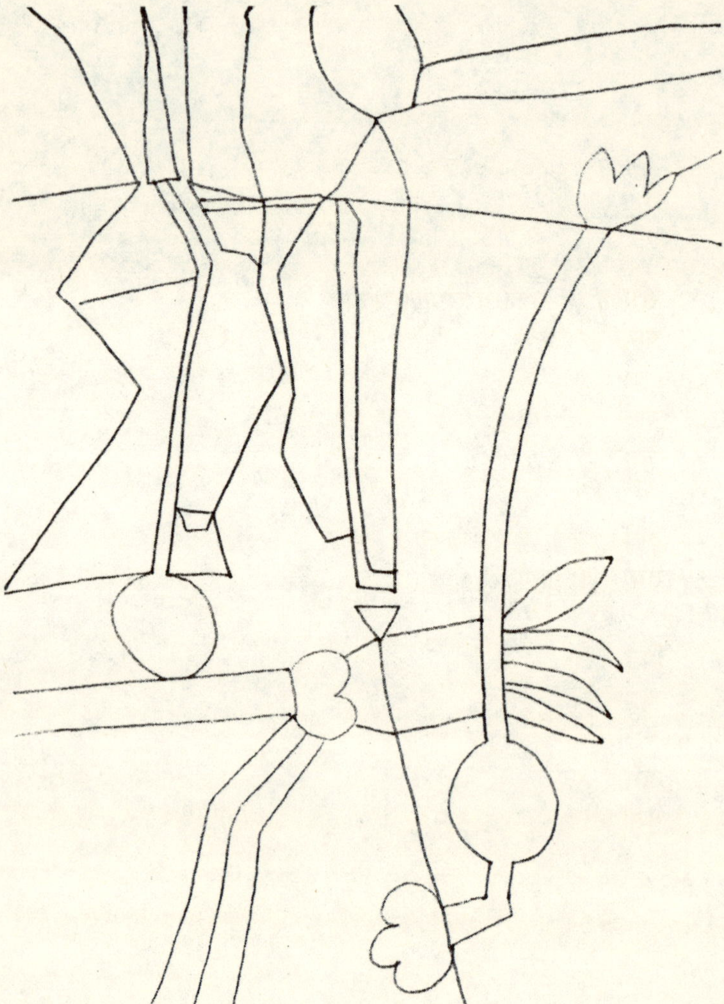

1

सँभला रह सका न सँभाल सका
पाया पर खोया

पानी फिर गया
जब पैठा

अपना लगा, जब निकला
तब सूखा पाया

फिर घुला
न(ा)मक-सा

आँसू
भेसविहीन

2

प्याऊ पर लगा
प्यासहीन पानी
पात्रों में है

स्वयं एक में
झाँका

पूरमपूर लगा
पानी

पीने से प्यास
बुझी

3

प्यास बुझने पर
प्यासा नहीं रहता

पानीहीन प्यास
कभी बुझती नहीं

—खोयी रहती
  प्यासे में ही—

फिर मिलता नहीं
सपना भी

ख़ुद ही कभी
बुझा जाता

—प्यासबुझी पर
पुनर्नवा खिल आती
प्यासे में ही

प्यासोपलब्ध केवल
प्यासहीन प्यास

4

प्याऊ को पाया पर
सेवाकार का मालूम न चला

पानी पीना है
यह किस से कहता

प्यासस्थ
वहीं ठहरा रहा

5

प्याऊ को छोड़ कर जाने का
मन बुझ गया है

उतार कर यहीं सूखी मशक
टाँग दी है खूँटी पर
उसमें छेद था

पानी सारा
टप-टप

गिर पड़ा कब
पता न चला

प्यास के मारे तभी
दिखी थी प्याऊ भी

जिस पर लिखा
पढ़ा : पानी
पीना मना है

6

प्याऊ पर भी

पात्र भरा
न देख सका

अपना ग़ायब
बीता कल भी
पा न सका

और अगला कल
विकल अभी

(अ)दूर है
स्वयं धुन ही शायद

अलभ्य
काल-कथा : अक्षर कौन लेखा
जन्मा कहाँ ओझल रहा

बिना किसी की भाँति
हो रहा होना

अव्यक्त
चित्रोक्ति कभी चोला

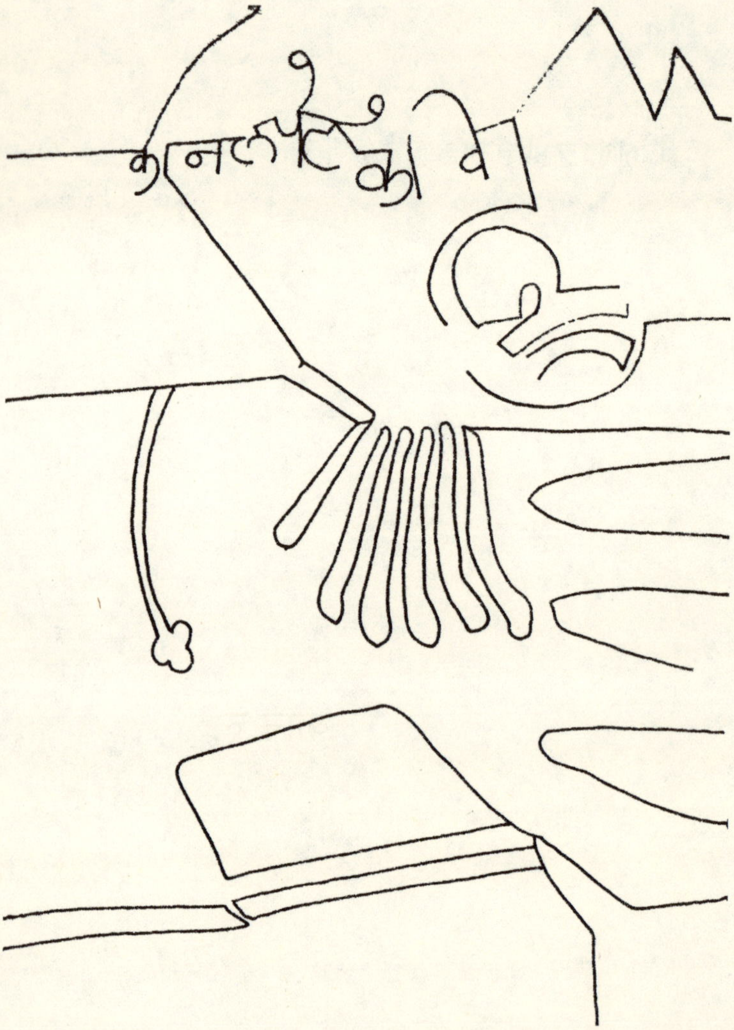

कान लपेटे कवि(ता)

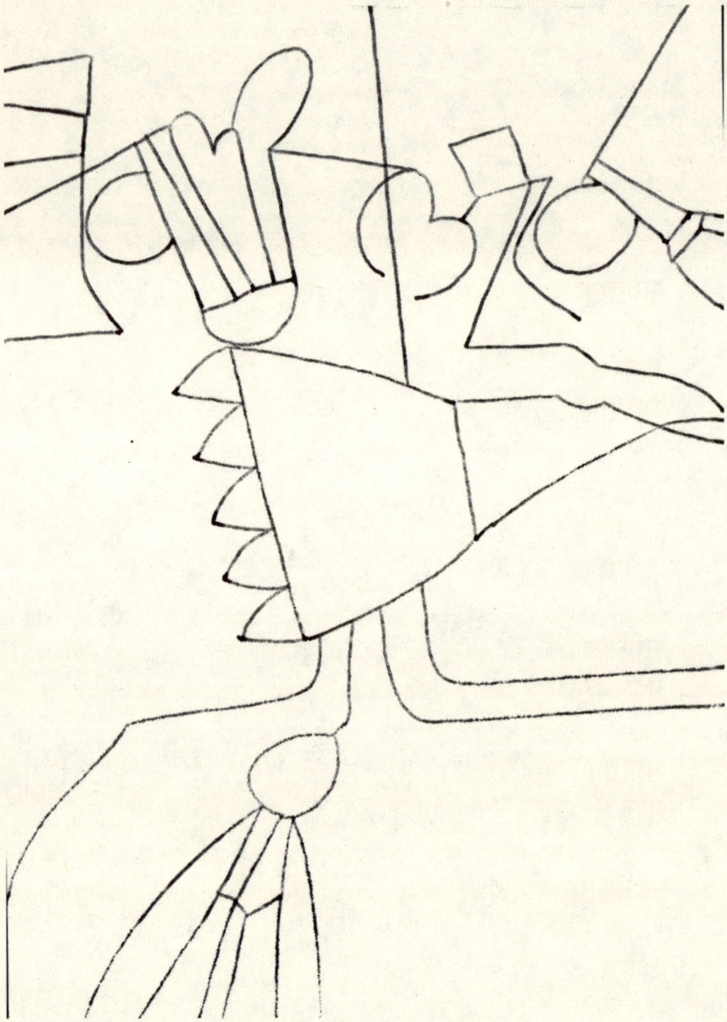

1

मरीचिका में
जाने से पहले
पानी मुझे
मरीचिका लगता रहा

—मैं प्यासा
  वह पानी
  ऐसे—

मरीचिका में
पता चला

मरीचिका कहीं नहीं
पानी है असली

—भ्रम मेरा
  वह मरीचिका
  ऐसे—

कवि(ता) भी
स्वयं जानो

2

हर दिन नये दरवाज़े पर
दस्तक देता है
भिक्षु कोई

मुझ में देख लेता
हर घर

कवि(ता) है जहाँ
खप्पर उसका

दिखायी देने के लिए
अपने से वहाँ

ऐसी भिक्षा माँगता

मुझ से
जिस का प्रतिबिम्ब नहीं बनता

3

तजे बिना त्वचा
तजा है
हृदय

सूख रहा मशक-सा
सुख से

आप के हाथों में
शिशु कोई

है कवि(ता)

4

कभी बोलती नहीं
नागरी हमेशा मौन है

कभी बोलता नहीं
देव हमेशा मौन है

बोलने से ग़ायब हो जाती है
बोलने से कूच कर जाता है

बोलना यों मूक
कवि(ता)

5

दीवारों ने ही सुना, मैंने नहीं
मैं बाहर कान हूँ

सुन न सकने के कारण
देशनिकाला मिला है

भीतर से
कान भी

6

स्वभाव से अपने
हैं ऐसे ही कान

जैसे कि कान
कान होते हैं

कुछ और नहीं

—वे अकेले हैं
  दो कान—

काश! अपने में
अपना कान अपना

जान ले यह
तो सुन लें
कान यों

सुनना

7

बजाय पकने के कहीं कान चले गये हैं
शायद गये न हों भीतर धरे हों

छिपाव में
खुलने के लिए

कान लपेटना
कान खड़े करना
कान में रहना न कान बाहर

चलना निश्चल
पूरा कान

8

सींच अनायास पटहीन
छूटा कहाँ जाने कौन
बैठा ठाँव में
उजला

बन्धस्त्र
सब मुख झरता

मूरत मौन

नीली नितम्ब नार

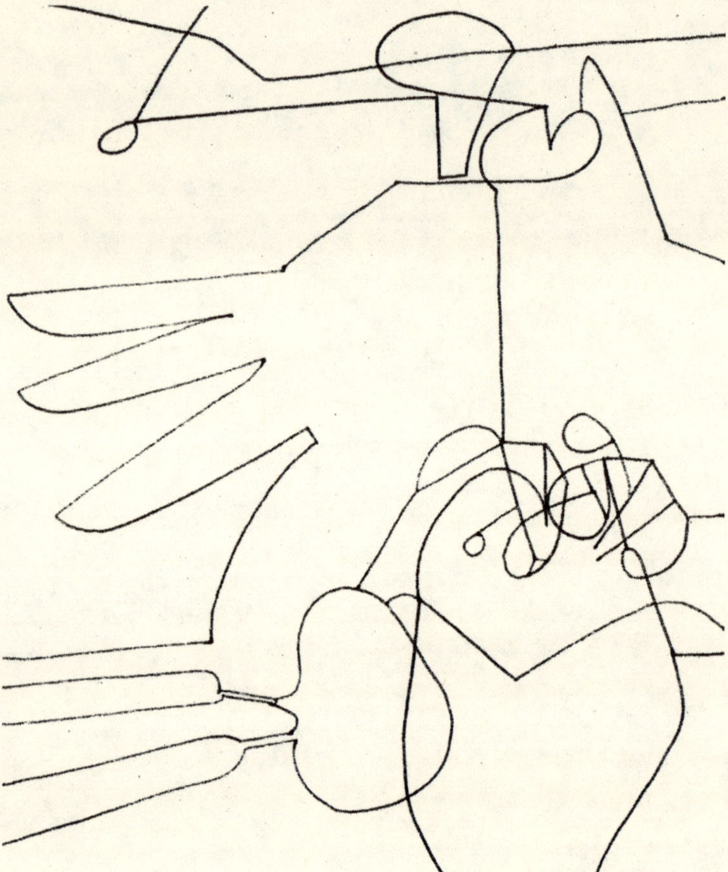

1

न समाप्त होने वाली संगीतमयी पंक्ति में
सब से सुखी सुन्दरी है

वह ऐसे है जैसे शब्द में शंख बज रहा हो
वह ऐसे है जैसे दृश्य में अदृश्य उजागर हो

वह तिलिस्म रचना का है
वह साँस मृत्यु की है

आनन्दी सब अपना लेती है
वह कल्पना का वरदान है

एक अनाम फूल मेरे लिए
जिसे देखते और सूँघते ही

स्वर्गीय हो जाऊँगा
मैं

2

आग में वह शान्ति नहीं मिलेगी जो सुबह ओस की बूँदों के रूप में
झिरती है इसीलिए मैं बाग़ की दूब पर चलते हुए नंगे पाँव था जबकि
साथ के लोग पाद त्राण पहने हुए थे

मेरे पैरों से वे सब दृश्य आँखों के आगे नाचने लगे थे
जिन्हें अब तक भूला हुआ था

जीवन ऐसा था कि कोई कथा लिखे
और माथे का लेख पढ़ सके
—कविताएँ?

नहीं, उन्हें छोड़ देना चाहिये
और प्रेम को भी

वे रिक्त स्थलों की पूर्ति हैं
दोनों के बीच मैं साँस की तरह आता-जाता रहा हूँ
अपने में छिपे को धूप दिखाते

छोर के अन्त पर खिले फूलों को सींचते हुए

ऐसी किसी के इन्तज़ार में जिसके चेहरे पर
दो आँखों की जगह वही फूल होंगे
वह मुझे दूर देश ले जायेगी

देहली पर रखे मेरे पाद त्राण वहीं रह जायेंगे
और उन्हें फिर कोई पहनेगा नहीं
कभी

3

साँवरी साँबरी पढ़ते हुए

> I belong to none...
> ...Every strong, beautiful, powerful
> woman is a witch.
>
> —इप्सिता रॉय चक्रवर्ती

आओ, श्याम
आओ, अंगसखा

कभी खेलो मत यही खेल है

वही, वाताली
वही, बीजरी
वही, शर्वरी

आमुख आदिम
आज़ाद

जानती है वह

इस शक्ति से
चुड़ैल। असौम्य। मानुषी

सुखी सुन्दरी। अदेखा जगाती।
एक असाधारण बाँकुरी।

पीछे का घेरा छोड़ आगे बढ़ती।
जादुई योगिनी
ऐसी कि बखानी नहीं जाती।

पुतली बाँधती
अलख अपने लोक से
  —वह
अनन्या
वशांगना पहली
स्त्रीवादी :

—सुनो—
कभी चौपाल से
कभी घर से
आ रही चीख़ें किनकी हैं?
सदियों के आरपार
हर बार

जिसे नंगी जलाया गया ज़िन्दा
वह तुम हो

अकेली जन्म से
दूसरों के लिए कठपुतली एक

जगाओ ज़हर बदला लो
नाश कर दो हँसो

अथाह

की प्राणी
ऋतु समान अपना
चोला बदल, अदाह्य।
उलट दो

और(त)

भी भीतर ही। सब कर डालो
तवारीख़ में वरना (अ)बला ही
रह जाओगी

अपनी गढ़ी जन्नत में, अनवरत जीने में
कभी न मरने के लिए

आओ, श्यामा
आओ, सखी

4

एक रूपसी से रसकेलि करते हुए
मेरे हाथ प्यार के सिवाय कुछ न लगा
सो मैं पलट आया

मरदाने तरह से
वक़्त को अपनी जेबों में डाले
आज़ाद

मेरी कल्पना में क़ातिल कला है
ख़ूबसूरती

5

मेरा शरीर कोई जगह नहीं
जहाँ वह रह सकती हो

वह रहती है हवा में   कलाम करती नैनों में
नाचती   कलन्दर की नथ डाले
न्यारे नज़्ज़ारों में   निधड़क नंगी   विहँसती
शरीर के देश में   अनचीन्ही

वह है वहाँ

नीलोत्पलनयना   फेंके हुए पासों पर डोलती
ठगिनी   चौखानों पर चलती   लेश-लेश
अवश   तेज़ तलवार-सी मांस में घुसती
बुरका डाल बाँहें फैलाती

वह है वहाँ

चकित तन्वंगी   चौकड़ी भरती   बाँग में काँसे के
घुँघरू सुनती
ज्योतिर्लेखा

केलिघर में
अनाकार आती

नी ली नि त म्ब ना र
जाग

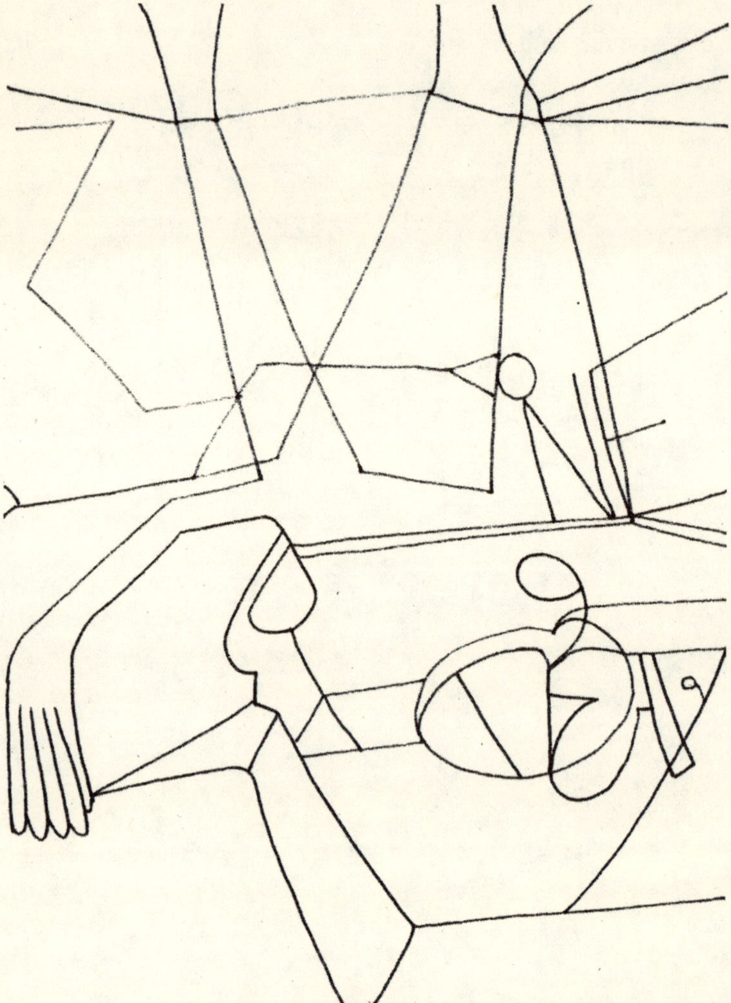

यामा

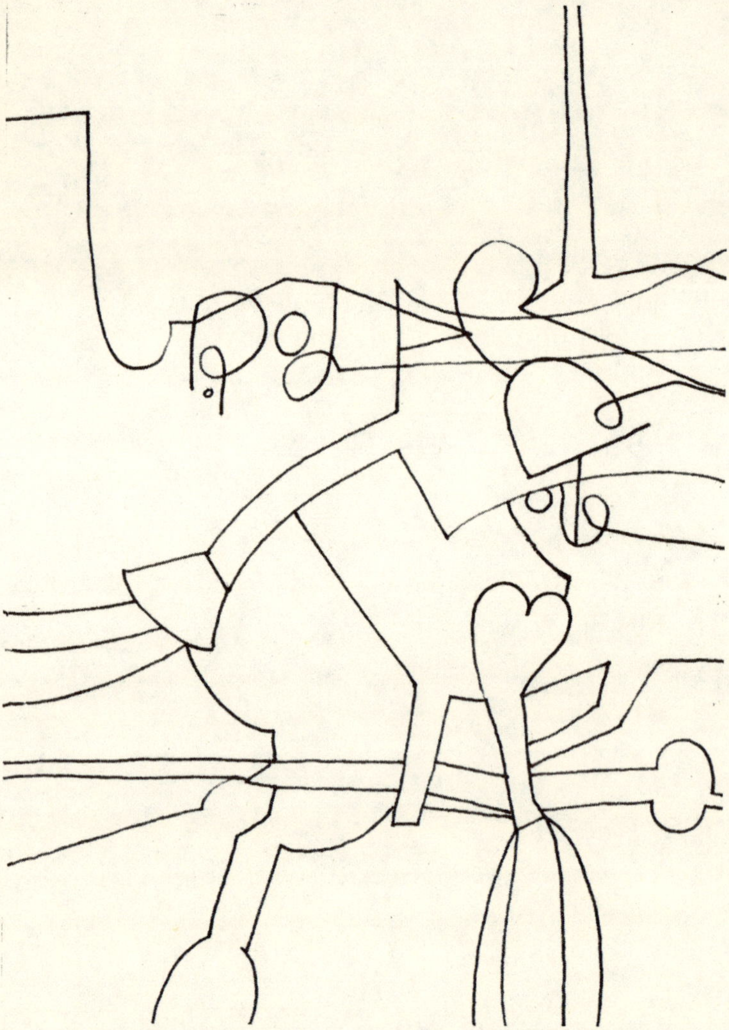

1

तुम्हारे हरेक बाल को सफ़ेद होते हुए देखना मेरा राग है
यह चाँदी-सी केशराशि से रचा पूर्णिमा का घर है

भविष्य का मार्ग यहीं से फूटता है

यहाँ स्वर्ण-मृग नहीं, गृहस्थी का सुफल है
करनी का एक होना

सरस साथ के सुरीले स्वरों में
यही रात-कथा है : हमारी।

2

अगन जगा आपा रग-रग से
लपक में

लय लेता
छू आता है

शिखर
लौ का

जब तलक वह लिख न ले
गुप्त अर्थ

सुनहरे का

3

वह अपने को मेरे दिल में छोड़ देती है खोलने के लिए
दूसरी गाँठ से एक पाण्डुलिपि में जहाँ मैं खुलता हूँ

प्रवास में
गोया एक भूला शब्द

खिल आया हो ऐसे यामा में
जिसे वह उचारती है

अपने में तिरोहन के लिए

4

अँधेरी आँख में वह रचती है मार्ग
अपना पहला अक्षर
—नि:शब्द

भीतर है
यामा

5

जिस एक शब्द में अपने को अक्षर ढाल नहीं सके वह उजागर है
जहाँ से एक ही बार देखने के लिये ऐसे पूरा हो रहा है शरीर
जैसे आवाज़ में अक़्स उतरना हो यामा का

अपने आप में लौट आती साँस के लिए जो औषधि है
वही एकमात्र रिक्त स्थल है निसर्ग में पहले से

जब आँखें पलट जाने को हों
एक शब्द में

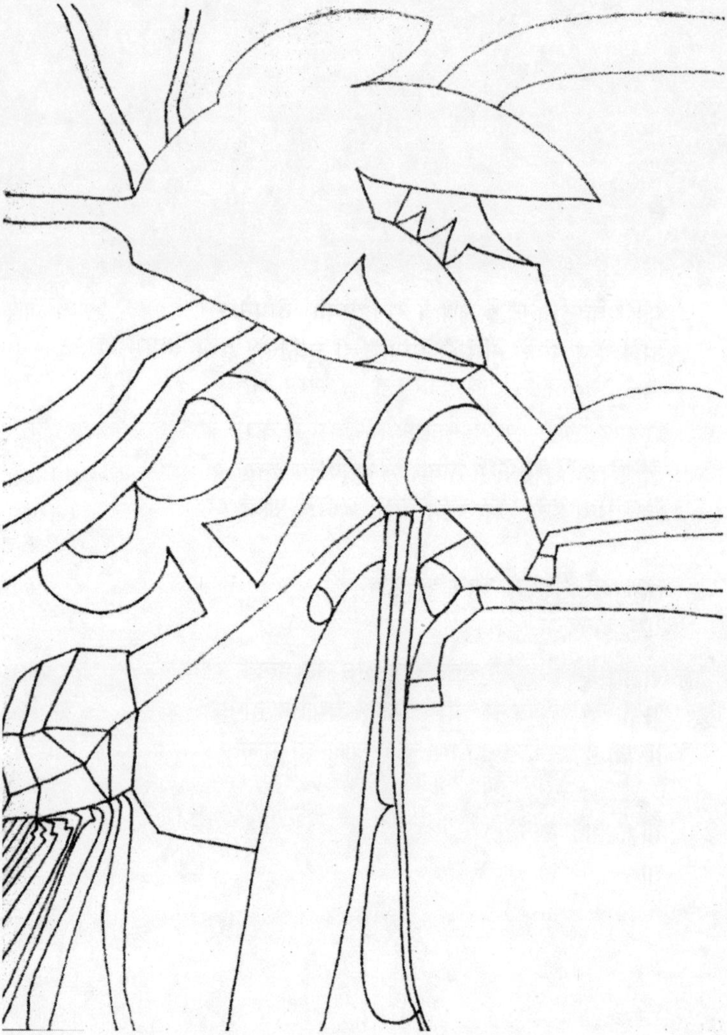

6

वह एक ईमानदार जवाब सुन सका, अपने समापन के समय जब असली नाम की भूमिका समाप्त हो चुकी है, सभी नक़ाबों के भीतर से

जैसे वह कोई ऐसा लिफ़ाफ़ा हो जिस में कभी इबारत का वास न रहा हो, जिसे किसी ग़ैबी ताक़त ने इसीलिए लिखने से रोक रखा हो ताकि ख़ाली रह सके, आज के अभी आने में जहाँ सारी ज़बानों में ख़ामोश

वह

शब्द पाने के लिए एक क्षण तक की पलकें खोलने में पता न चला सके कि जीवन में चीर कहाँ है क्योंकि होनी के वश में नाता ऐसा लिखा है जो केवल यामा का रचाया हो सकता है आलाप के रेशों से,

नोंक यदि जानो
तो—

7

धान की हर पोर में बहता जा रहा पवन
पक्षी की काकलि है : प्रातः
                                में
विभोर

जहाँ यामा नहीं है

8

यह आभास मिला : उस के लिए कोई तुरुप का पत्ता बना ही नहीं।
वह मौनवती है, अगोचर
बनाती मुझे

स्फटिक के एक ही क्षण में
दीठ केवल

उड़ान में पीछे छोड़ देती
जहाँ उच्चारण नहीं है

9

शरीर के मरुथल में प्यासा वह लटका है मकड़जाल-सा
अपने ही सचराचर में

निरुत्तर
यामा से : देखता
                यही अभी-प्रेत है

इहधाम की मिट्टी का

10

पूरी हो जायेगी वह : बाहर चले आओ—
यहाँ यवनिका नहीं। अपने हाथों
बुझा दिया दीया है

इ ह धा म
की मिट्टी का

11

जिस चलचित्र में कभी छलती नहीं
उस रूपकथा के अन्तिम परिच्छेद में
हँसती हुई वह

रोशनी का विलोम है

जिसे तज देना है
काकविष्ठा की तरह

अलम् के लिए